El calor

Grace Hansen

Abdo Kids Jumbo es una subdivisión de Abdo Kids
abdobooks.com

abdobooks.com

Published by Abdo Kids, a division of ABDO, P.O. Box 398166, Minneapolis, Minnesota 55439.

102018

012019

Spanish Translator: Maria Puchol

Photo Credits: iStock, Shutterstock

Production Contributors: Teddy Borth, Jennie Forsberg, Grace Hansen

Design Contributors: Dorothy Toth, Laura Mitchell

Library of Congress Control Number: 2018953910

Publisher's Cataloging-in-Publication Data

Names: Hansen, Grace, author.

Title: El calor / by Grace Hansen.

Other title: Heat

Description: Minneapolis, Minnesota : Abdo Kids, 2019 | Series: La ciencia básica | Includes online resources and index.

Identifiers: ISBN 9781532183881 (lib. bdg.) | ISBN 9781641857307 (pbk.) | ISBN 9781532184963 (ebook)

Subjects: LCSH: Temperature--Juvenile literature. | Thermodynamics--Juvenile literature. | Spanish language materials--Juvenile literature.

Classification: DDC 536.5--dc23

Contenido

¿Qué es el calor?

El calor es energía que se transmite de un cuerpo a otro con diferente temperatura. Existen tres formas principales para transferir calor.

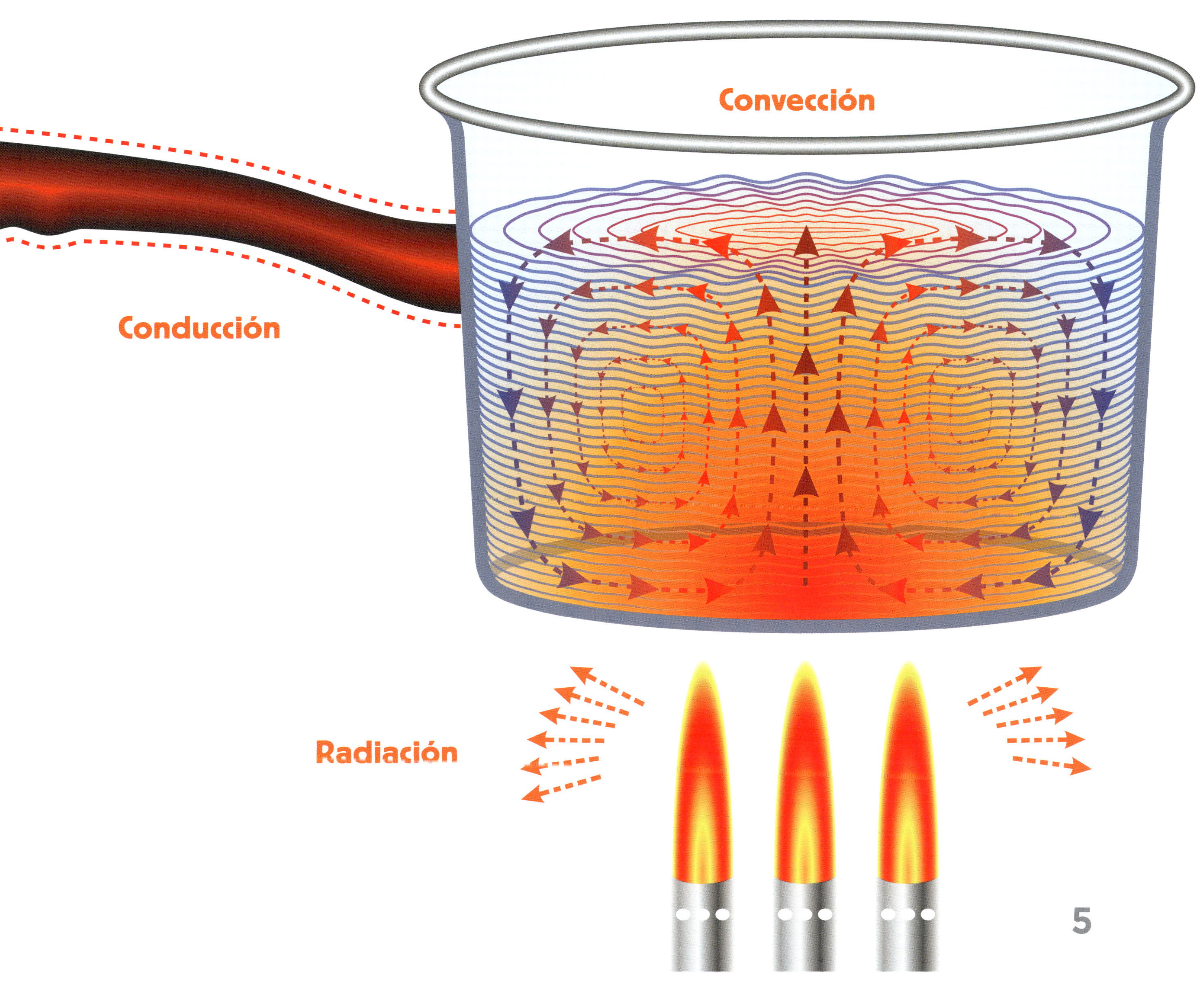
Convección
Conducción
Radiación

Conducción

La primera forma de transferencia de calor es por conducción. Ocurre cuando el calor se transmite por contacto directo.

Durante la conducción, las **moléculas** más calientes se mueven más rápido. Éstas transmiten energía a las moléculas cercanas.

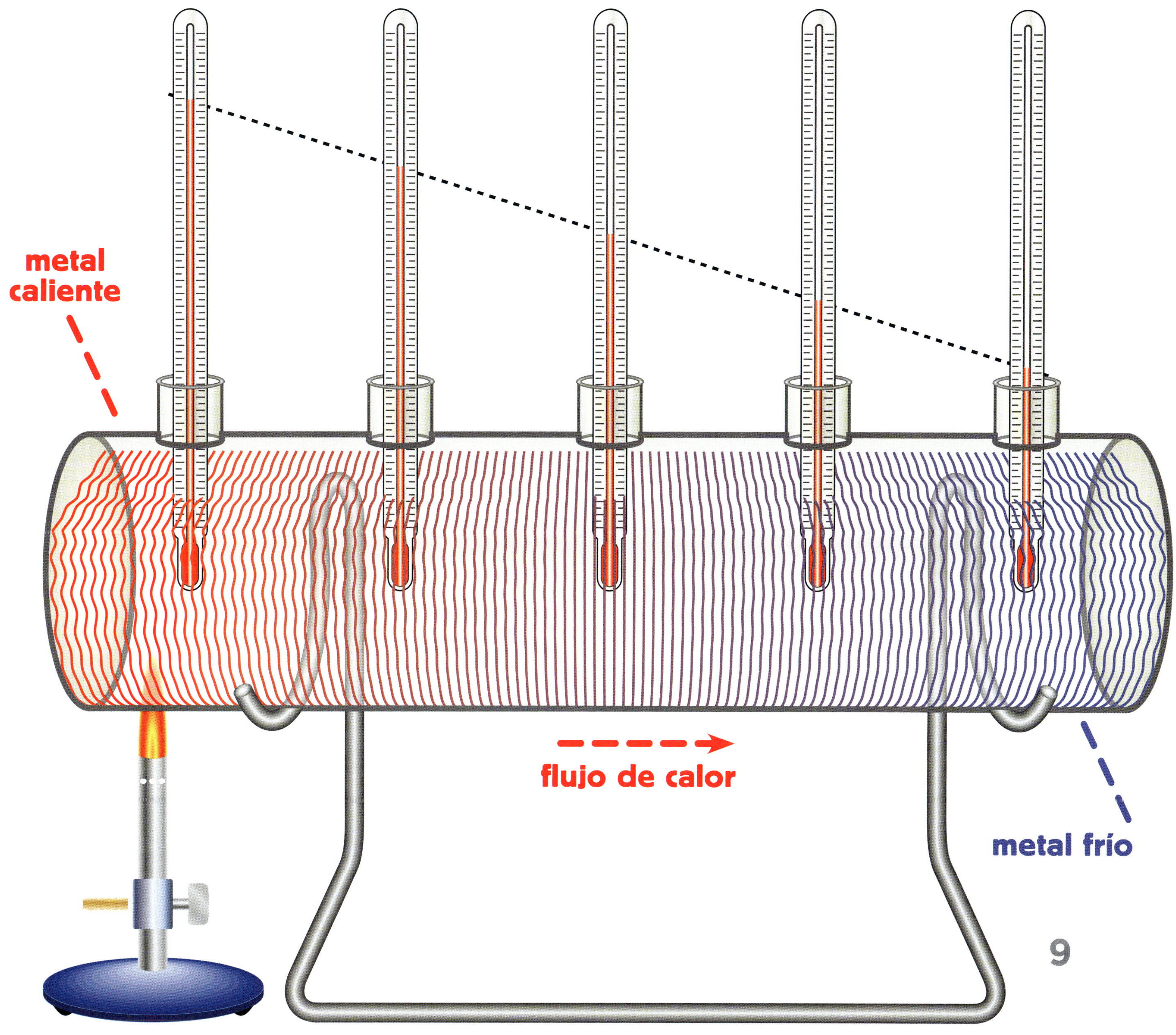
metal
caliente
flujo de calor
metal frío

Las **moléculas** en un té caliente se mueven y colisionan con la taza. Las moléculas de la taza absorben esa energía y se calientan. El calor se transfiere a las manos de esta misma manera.

Convección

La segunda forma de transferencia de calor es por convección. Ocurre cuando hay **fluidos** que se alejan de la fuente de calor.

14

Por ejemplo, cuando se hierve agua en una estufa. El fuego calienta las **moléculas** de agua en el fondo de la olla. Las moléculas calientes se **expanden** y suben. Las moléculas más **densas** y frías bajan hacia la fuente de calor.

Radiación

La tercera forma de transferencia de calor es por radiación. En este caso, el calor se mueve por ondas. El calor del Sol llega a la Tierra de esta forma.

Las fogatas calientan de esta forma el aire y su alrededor. El fuego irradia así su calor y lo sentimos.

Si hay metal cerca del fuego, se calentará. Las ondas de calor tocan las **moléculas** del metal, éstas absorben su energía y se calientan.

¡A repasar!

- La conducción ocurre cuando las **moléculas** están en contacto. El calor se transmite hasta que los dos objetos tienen la misma temperatura.

- La convección se da cuando las moléculas fluyen de una zona más caliente a otra más fría.

- La radiación es el calor transmitido por ondas.

- El cuerpo con mayor temperatura es siempre el que transmite calor al de menor temperatura.

Glosario

denso – cuando las partes de algo están muy juntas, sin mucho espacio entre ellas.

expandir – en física, aumentar el tamaño por subir la temperatura.

fluido – líquido o gas. Los fluidos se mueven fácilmente y adoptan la forma de su recipiente. El agua y el aire son fluidos.

molécula – unidad mínima de una sustancia con todas las propiedades de la misma. Una molécula puede estar formada de un átomo o de un grupo de átomos.

Índice

¡Visita nuestra página **abdokids.com** y usa este código para tener acceso a juegos, manualidades, videos y mucho más!